LYRIKEDITION 2000

begründet von Heinz Ludwig Arnold †

herausgegeben von Florian Voß

AF548913

Carsten Zimmermann wurde 1968 in Bonn geboren. Er studierte Philosophie in Bonn und in Berlin, wo er heute noch lebt, und schreibt Lyrik, Prosa und Essays. 2010 erhielt er den Medienpreis des Senders RAI Bozen im Rahmen des Lyrikpreises Meran, 2011 das Alfred-Döblin-Stipendium der Berliner Akademie der Künste und das Stipendium des Künstlerhauses Edenkoben. In der Lyrikedition 2000 erschien von ihm der Lyrikband »das transparente« (2013).

carsten zimmermann

am hellen rand

gedichte

LYRIK
EDITION
2000

Weitere Informationen über den Verlag und sein Programm unter:
www.allitera.de

Weitere Informationen über die Lyrikedition 2000 unter
www.lyrikedition-2000.de

September 2016
Allitera Verlag
Ein Verlag der Buch&media GmbH, München
© 2016 Buch&media GmbH, München
Lektorat: Florian Voß
Printed in Germany · ISBN 978-3-86906-936-4

ich blicke in mein herz hinein
und sehe die welt. erstaunlich!

anaximander

am hellen rand

am hellen rand

1

es sind felder aus licht, die sich sanft verschieben,
gefühltes licht in milliarden pixeln, wie treibsand,

wie wanderdünen die dinge, die häuser, die brücken
und wege, eine wanderdüne sein leib, der nur

scheinbar sich gleichbleibt, der ständig rieselt, strömt,
als umhergehen nämlich, als atmen, pulsieren, die beine

bewegen, die arme bewegen, die augen bewegen
und wirbel und schlieren in dieser seltsamkeit ziehen

2

in dieser seltsamkeit, die wie wasser ist, klarfarben
und in-sich-still, die der raum des bewußtseins ist,

anwesenheit, feinstes, inniges sich-selbst-berühren,
aufblühend, anschießend in allen diesen gestalten,

viel zu ungreifbar, um etwas bekanntes zu sein – so
geht er umher, so geht es weiter mit ihm, vorwärts,

wie es heißt, wie es flüstert, wie jene vertraute stimme ihm
flüstert, hindurch, sagt sie, durch die zeit, durch die stadt

3

leben, raunt sie, hindurchgehen, du wanderdünen-mensch
gehst jetzt einkaufen, du kannst das, du machst das,

sanft hindurch als kaskaden von stöberndem licht,
als summen und gesummtes hinhören auf mich,

sieh, wie die autos, die lastwagen fahren, sieh
den plattenbau, weiß und frisch nachzitternd noch,

als sei er soeben aus dem nichts erschienen, was
er auch ist. weißt du, was hier ist? nein oder ja

4

ratsamkeit, es ist gut, sich auszukennen, gut zu wissen,
wo hinten und vorne ist, wo dir der kopf steht,

flach ist der boden, der gepflasterte weg bestens geeignet,
darüberzulaufen, erinnerst du dich, wie du das als kind

schon genossest, wie du den wegerich mochtest in den
betonplattenritzen, pelziges moos, frischen luftzug

an deinen ohren, und wie er direkt in den himmel überging,
wie alles klar war mit offenen rändern

5

hindurchgehen, hindurchziehen, hindurchmüssen,
wann ist das eingerissen, der ernst des lebens

als rennebahn, als wanderschaft, als tunnelblick, man muß
sich ausstatten, muß eigenschaften besitzen, nebst hose

und schuhen maximen, kompaktheit, muß auskunft
geben können, wenn man gefragt wird, wer und was man ist,

und was es mit allem auf sich hat, so flüstert es in ihm,
flüstert und stöbert und summt, niemand weiß etwas

6

festes. niemand, das bin wohl ich, sagt die stimme, das rieseln,
der sandsturm, der weiche abgrund des raums und dieses

pixelgestöber darüber, wer schnell kauft, lebt heller,
was ist das, wir müssen die logos bedienen, den logos,

wie wir ihn jetztzeitig verehren, die farbigen stempel
auf allen den käuflichen dingen, die großen wegmarken,

die unser dasein bestimmen, doch was ist dein eigenes logo,
ich weiß nicht, ich glaube, ich bin dieses pudrige stäuben

7

bin licht wohl, bin rand, bin einer von vielen,
verwundbar im wummern der wagen, verwirrt,

aber federnd mein gang in den jahren, beschwingt,
an der einfallstraße entlang, an der bushaltestelle,

die großen dienstleister in sicht in der ferne, die blauen
und roten und bunten beleuchteten schriftzüge, ahnbar

gewimmel der käufer, ahnbar unruhe, schwarmgefühl,
ahnbar allseits kultiviertes normalsein, ein vortäuschen

8

welches das licht aus dem inneren abzieht, wenigstens
scheinbar, es anderswo aufschimmern läßt, auf den dingen,

geräten, produkten, den logos, in den seltsamen
tempeln, wohin jener wandert, weil er teil dieser landschaft ist,

dieser landschaft aus licht und seltsamkeit und
verständigkeit und donnernden lastwagen, personenkraftwagen,

logo-transportern, fußgängern, radfahrern, wolkenströmen, siehe,
es ist möglich, aus augen zu schauen, arme und beine

9

wie pendelnd, wie schwingend zu bewegen, wer macht das,
wie macht man das, jener weiß es nicht, sagt die flüsternde

stimme, sagst du, sage ich, jenes leise, wache auffangen der
wörter mit dem abgrund dahinter, sagen die wörter selbst,

summend, klingend, auftauchend und wieder verschwindend,
vorwärtsgehen, was ist das, durch die zeit hindurch,

was ist das, lastwagen, was sind die, logos, was sind die,
gehst einkaufen, mensch, wanderdüne, wirbel, lichtphänomen

bei der seltsamkeit

bei den überraschungen

erstaunlich, wie sanft jeder zugriff
verlorengeht

draußen taubengurren, fahrzeuggeräusch,
noch früh am morgen ist alles schon da

nur, was *ich* zu sein scheine, schwindet
ständig, jeder impuls taucht im nichts auf

ohne anker, und sein auftauchen ist schon sein
ende

im raum stehen, in der küche stehen, die teetasse
halten, hinaussehen, dennoch

ich sagen, als forschungsmethode, das, was hier ist,
meinen, ein nichtsummend summendes feld

ein unbekanntes, dessen vertrauheit mich
überrascht

seltsamkeit

anwesenheit, seltsamkeit … was alles dies ist,
wie es leuchtet, hervorstrahlt, hervorklingt,

mit ihm, dem geher, auf der bildfläche auftaucht, ja,
er sei anwesend, witternd, gewahr, ja,

ihm seien die wörter präsent, bedeuteten, funkelten –
unergründlich und mit jenem anhauch von üblichkeit,

landläufigkeit: nichts erstaunlicher als dies. die straßen
und mietshausfluchten, das kopfsteinpflaster,

die passanten, personenkraftwagen, und ja,
hört er sagen, es bestehe dies alles aus einer einzigen,

unfaßlichen substanz, einer hellen weichheit,
leisheit, aus wasser, wie *thales* es nannte,

die alleebäume aus wasser, die schuhe aus wasser,
die haare und ohren, die straße aus wasser, das licht

im gehirn im innern aus wasser, lebendigem, stillem,
honigartigem, hochgradig klarem, aus der substanz

der seltsamkeit, randlos und wie von nirgendwoher –
wie so gehen, hört er sagen, wie so fortdauern,

wie so denken, aber sieh, alles bleibt

märz, im prenzlauer berg

wir zogen uns in einen der randständigen
parke zurück. alter baumbestand über kriegsschutt,

verwitternde wege. hier hielt sich noch wucherndes,
unbeaufsichtigtes, deplazierte birken, disteln,

vermooste mauern. der basketballkorb, der sich
auf einem wiesenstück fand, war verbogen

und verwaist. von den menschen gab es nur uns
hier, allein mit der aussicht auf bahngeleise

den hügel hinab. uns, zwei liebevoll gemalte
figuren im vordergrund. du lobtest das duftende

harz der schwarzpappeln. amseln waren
im unterholz tätig wie immer. pflaumen blühten,

da es noch früh war, früh im jahr und früh am tag.
daß wir andauerten, daß wir uns wiederholten,

war eine ins stille führende spur

bei den gräbern

die hohe platanenallee, durch die wir
spazieren, undeutbar rätselhaft, unser

aufsteigen von woher auch immer,
mitsamt den benennungen, aus einer

kaum faßbaren anwesenheit, wir finden
uns häufiger hier, sagt ein mysteriöser

gedanke, der hier mitklingt, mitschwingt,
es ist wie ein sanftes strömen

auf der stelle, wie ein in-sich-hineingehen,
gewissermaßen gemeinsam, denn wir,

die wir hier die verwilderten stellen
aufsuchen, den gottvergeß aufsuchen und

seifenkraut neben verwitterten gräbern,
bröckelnden marmormonumenten

für wohlhabende anderer zeiten,
wir gehen nebeneinander in was-auch-

immer hinein, durch was-auch-immer
hindurch, endlos und hier ab und zu

offensichtlicher, klarer unter dem ruhigen
berliner himmel, dem vogelgesang, in

der nähe von eichhörnchen und meistens
älteren damen, deren männer schon

anderswo oder nirgendwo oder überall sind

bei jenem

jener kann das: sagen, daß es vorwärts
geht, daß es vonstatten geht, etwa

das bewegen eines arms, die wahrnehmung
einer tür, welche eine, seine hand öffnet

durch herabdrücken einer klinke und aufziehen
von etwas, jener kann das machen, kann so tun,

als stürze nicht jegliche noch so kurze sequenz
eines geschehens hinein in einen inneren und

äußeren abgrund, jener kann so tun, als sei
er der *ich*, welcher den arm und die hand

bewegt, welche die klinke betätigt, jener
kann durch die tür hindurchgehen und sagen,

daß er es sei, daß ich es bin, welcher hindurch
und weiter und weiter geht, teilnehmend an

einem atemberaubenden roman imaginärer
ereignisse, der jegliches denkbare alltagsgerede

und alle denkbaren buchinhalte und mediatheken
und wissensinhalte umfaßt, jener kann diesen

ansatz eines schwenks in unbegrenzte imaginäre
welten vollziehen, nur den ansatz, der das bemerken

einer türklinke ermöglicht, er kann zeuge sein
und bestätigen wollen, daß der unendlich wuchernde

menschheitstraum, hier und jetzt, just
in seinem die-tür-hindurchschreiten bestätigt

wird, daß alle die sehnsüchte aller der zahllosen
lebenden und toten menschen nach gelingen

von was auch immer, nach dem wirklichwerden
nicht vergebens waren, daß das gelingen, wenn

schon nicht von allem, wenn schon nicht
des irdischen paradieses, so doch wenigstens einer

menschheitsrettenden türdurchschreitung möglich
und wirklich ist, jener versucht es ja auch, jener ist

gutwillig und öffnet die türe und geht hindurch
und weiter hinein in ein weitergehendes leben

als teil der bestrebungen aller, und ja, es gelingt
und alles gelingt und dauert fort, speichert in sich

und rettet und erlöst alle die wünsche der vorfahren,
und dennoch ist es wahr, nichts überdauert

auch nur eine sekunde, nichts und niemand, und
kein wissen ist möglich

beim blitz

da ist er,

dieser eine, gleißende, stehende blitz: IST,
ein stiller schock, aufscheinen

von was-auch-immer in einer gläsernen,
nichtsartigen klarheit, so absolut,

so immer-hier, daß einem die haare
zu berge stehn, wenn man es bemerkt.

darin dieser schmiereffekt, die resonanzen,
das wilde sich-ausdehnen, die rotierenden,

blinkenden, schwindenden bilder, jenes gleiten
auf abwegen, jenes zu- und abreisen,

das wir so leichtfertig welt nennen, welt –
& ich, der mensch in der küche, ein käsebrötchen

vertilgend, eine teetasse haltend, während
draußen die preßlufthämmer zu lärmen

scheinen, die letzten blätter der
spätherbstlichen kastanie fallen

beim hinabgehen

just, sagt er, gehe er die treppe,
den hausflur hinab. er könne

das sagen und problemlos meinen
und problemlos verstehen und

problemlos auch ausführen, sagt
er, der beste beweis sei die tat.

keine fremdheit darin, ganz im
gegenteil, große vertrautheit

im gehen, geradezu leichtigkeit,
einfachheit, der kanariengelb

gestrichene hausflur, die ab-
gewetzte treppe völlig präsent.

so ein den hausflur hinablaufen,
es tue sich fast wie von selbst.

die gliedmaßen koordinieren.
die sinne justieren, die aufmerk-

samkeit umherspringen lassen
wie ein junges reh. so eine szene

wie diese, sie sei, wie sie sei,
und doch anders, völlig anders,

unergründlich, sehr fern
und sehr nah gleichermaßen

hinausgehen

1

das fahrgeräusch der wagen auf der straße
direkt vor meinem fenster wirkt massiv.

so wie ein donnergrollen, meeresrollen,
so wie ein fluß aus gummi, öl und eisen,

bebender luft in einem flußbett aus asphalt.
auto-mobile, kapseln, blechern, selbstbewegt

so wenig wie die fahrer. vielmehr mitgerissen
wie auch ich in einen gräulichbunten wirbel,

den man als welt verharmlost. chrom. basalt.
licht und das helle schwarz der träume

2

die gegend kam natürlich überraschend,
die höhe, tiefe, helligkeit, der klang

der wagen und der vögel in der nähe.
gleitende übergänge zwischen gatter,

luft und hand. ich kam ja aus dem haus,
ich wollte über straßen gehen und durch

den park, der in der nähe grünte. was
auch geschah, nur tat das nichts zur sache

bei den logos

der gang zum supermarkt

da war dieses serielle, jetzt und jetzt und jetzt,
diese diskreten wahrnehmungen, während der blick

vom einen gegenstand zum nächsten tänzelte,
warm war die luft, wie aufgehellt vom sonnenlicht,

das frisch verlegte bürgersteigpflaster glänzte
an einigen stellen, zwei spatzen flatterten im gesträuch

des pflanzkübels gegenüber, als er aus dem haus
auf die straße trat – demnach gab es noch welche

von ihnen, fast so, als wäre alles beim alten geblieben,
geblieben. nur der sog war wieder stärker geworden

in jene andere richtung, nach innen, die
die kaufmannsmenschheit wie gleichgültig ignorierte,

so daß er sich selbst als atavismus erschienen wäre,
ein geschöpf aus urzeiten, den zeiten von plotin,

pseudo-dionysius, der alten handschriftlichen bücher
lange vor der erfindung des mobiltelephons (dessen

massenverbreitung, wie er dachte, etwas mit dem
verschwinden der spatzen zu tun haben mußte),

wäre da nicht dieses feuer gewesen

beim sehen

wie ist das, unter den dingen
zu wandeln, den gegenständen,

produkten, die so solide erscheinen,
stabil, und doch nur, andererseits,

aufleuchtende farbvolumina sind?
zwei augen bewohnen mich, sagte

man mir, sagt anaximander, doch nur
ein einziges sehen. hier gibt es ja alles,

zu kaufen nämlich, vom haushalts-
schwammtuch bis zum luxusbegräbnis,

so sagen die logos, so flüstert der logos,
irgendwo innen setzt sich das schauen

in bedeutungen um. wer ist er, der navigator
durch fußgängerzonen, wer läßt mich heben

arme und bein, wer läßt es sich sagen,
daß er ein ausfluß der stadtlandschaft

ist? siehe, sagt anaximander, ich quietsche
mit frischweißem turnschuh

auf dem blanken asphalt

im coop

wenn ich die vollen regale sehe,
die geschäftigen menschen,

die vielen beschriftungen:
ich weiß so wenig. ich bin völlig

wehrlos, erstaunlich, daß das
keinem auffällt. dort hinten ums

eck gibt es den fruchtsaft, das weiß
ich, so halbwegs, keine ahnung,

wie ich das weiß. wohl häufig
kenne ich meinen namen.

und zu stehen vermag ich,
erstaunlich, zu stehen vermag ich

bei den zitronen

dieses auslaufen, ausfransen, diese merk-
würdigkeit, nur imaginäre ränder zu haben,

ERST ist das ganze, das als ganzes ungreifbar
bleibt, DANN klingen die imaginären

figurationen auf, mutmaßlich abgepackte ekstasen,
wort- und füllmaterial, dieses biozitronennetz also,

das meine hand hält, das mein auge auf tauglichkeit
prüft, samt der schwerkraft und allen den anderen

räumen und kisten, dem balancierenden leib:
diese lichtblase wahrnehmung, fühlen, worin

schwebt die nur? über alle die deutungslosen,
die deutungsvollen zeichen, die hier ausgestreut,

die hier vorgestanzt angebracht sind, als warensiegel,
als wörterspiel, obsiegt ein gewaltiger rest, dunkel

und unbegrenzt – aber höre, du du-selbst-mensch,
wie dich dein jahrhundert ruft, leg noch eine ananas,

gelb und gelb, in deinen warenkorb hinein

berliner pyramide

selbst, wenn man vom rand,
von den feldern her kommt,

ist dies eine fortsetzung.
weite versiegelte flächen,

von breiten bürgersteigen
der blick in die tiefe hinein.

wenige passanten befinden
sich hier in der gegend

nächst einem gläsernen dreieck,
das steil aufragend ein hochhaus

durchschneidet, 100 meter, es soll
wohl rapide gewinne beschwören.

kein toter pharao ruht hier, den
göttern gleich, nur der kapitalismus,

die *comer group international*,
die in immobilien macht. wegen

beachtlichen leerstands ist zusätzlich
ein kulturzentrum untergebracht.

was tun vor so einem monstrum
als fußgänger, wehrlos und still,

als sehen, wie alles dies scheitert
vor einem zeitlosen himmel

am terminal

seit wir immer ausschließlicher
an die materie glauben – an jene opaken

oberflächen, über raum und zeit verteilt,
bevorzugt von uns menschen gemacht –

verschärft sich der drang zur ortsbewegung.
immer weiter dort draußen, immer ferner,

immer komplizierter scheint das leben
zu sein, dem wir nachjagen in immer

größerer zahl. scheint uns doch etwas
ungreifbares zu fehlen, eben jenes allzu

transparente vielleicht, das gegenwartsfunkeln,
das für uns nur noch den durchgang zu

übernächsten räumen bedeutet. haben
wir uns verlaufen in den weltweiten terminals,

die doch nur in geborgtem licht leuchten –
jener sonne, die niemand mehr kennt?

bei den packs

wir haben einen ganzen lebensstil
aus zählbarkeit gemacht:

ich sehe, hier sind lauter sechserpacks,
zehnerpacks, tetrapaks ... wer

dafür zahlt, kann sie haben. leute,
bekleidet mit packs, zahlend in packs.

es heißt, man habe die sterne am himmel
gezählt, die gene, die träume,

das kaufverhalten. und wieviel zähl' ich,
wenn ich mich selber zähle? alles durchdringend,

was zählbar ist, leuchtet das unzählbare
jederzeit. wohl sollen wirs übersehen,

damit die kauflust steigt

umherstreunen

umhergehen, was ist das? ein
kaskadenspiel, solche lichtmengen,

strömungszustände, phasenwechsel
beim wenden des blicks,

das pflanzengrün auf dem mittelstreifen
ist ein kosmos für sich, der

strahlende asphalt, die autokolonnen,
motorengeräuschbrandungen,

sind was und was genau? materie,
die sich permanent selbst durchstreicht,

weil die zeit vergeht, zitternd ins vage
hingemeintes präzises wie diese amsel,

die hier im beifuß nach freßbarem scharrt,
absichtsvoll oder abgelenkt umherfahrende

menschen in wagen, mein eigenes
streunen, und was heißt hier mein?

bei den landstraßen

was ist das, dieses gefühl
der beständigkeit frischen asphalts?

du gehst im wirklichen leben
– oder ist es im traum – durch

die gegend, als besichtiger, du
hast diesen auftrag bekommen, denkst

du, und in einer der pausen, einer seltenen,
wo die glänzendsatten kombiwagen,

die ps-starken marken ausbleiben,
wo du die arbeit des dichters ohne

verkehrsgefährdenden eingriff, ohne
auffälligkeit verrichten kannst, kniest

du nieder, legst die die hände auf dieses
warme, rauhe, massige, gerade, und ja, die

wange dazu. du kannst dort hineinfließen,
du kannst crispe splittkörnchen liegen

sehen, endlosweit. du verstehst und kannst
loben und sogar rühmen dies feste. so stabil,

so hiesig, so kristallin, so geschmeidig
ist diese materie, so bewältigend

gemacht von menschenhand, so dauerverheißend,
so täuschend echt, als ob sie wäre

bei den produkten

es wird morgen, es wird abend,
aufwachen und einschlafen, dazwischen

ein alltag, immer eingelassen ins licht.
so ein unauffälliger wandel, so eine

stille stetigkeit, nur ein blick
in den spiegel läßt einen manchmal

erschrecken, daß man um jahrzehnte
gealtert ist. kaskaden von leisen,

dezenten wundern, die uns nur selten
verstören, bleibt doch jegliche ansicht

des noch so bekannten ein rätsel.
wir reagieren dennoch mit unterschwelliger

panik, wir füllen den raum mit
viel-zu-viel dingen an, mit maßnahmen,

taten, ins große gefaltet überhäufen
wir landschaften, die lebensläufe

mit unsern produkten. wir wollen
tätig bleiben, die übersicht wahren,

das nennt man erwachsen sein,
wir wollen nicht schmelzen

beim giant eagle

was für ein name
für einen supermarkt.

und tatsächlich, hoch oben
über der gegend

sieht man einen
raubvogel kreisen.

hier unten im tal, auf dem
parkplatzgelände, kommen

und gehen die amerikaner, im
wagen natürlich,

nur wir sind per fahrrad
vor ort. so läßt es sich sagen,

so läßt es sich meinen,
derweil der lärm der straßen

und die stille des himmels
sich mischen. behutsam

können die worte auch sein,
und sehr, sehr demütig machen

hollow man

morgens

... forscher sein,
jeden tag dieses hervortreten

aus vagen inneren landschaften,
in den raum hineinragen, den

des morgens, in die schimmernde stetigkeit
von zimmern, tapeten, draußen

ist das singen der vögel längst
schon im gange, das tageslicht,

massiv fast und gleichzeitig
sonderbar zart, der körper, der noch

schlaftrunken umhertappt, ist
ein ausmessen aller frequenzen,

ein aufzeichnen, mitschwingen, das
wirkliche, ungreifbare in menschliches

umsetzen, nachrückend die sprache,
auch sie ein vibrieren, bedeutungstastsinn,

etwa den tee aufgießen, aus dem
fenster sehen, aus augen hinaussehen,

das bewußtsein selbst wie vollständig
transparent

shapeshifter

wie auftauchen, aufwachen, aus etwas silbern
realem, das weich wie schlaf ist, hervor-

strahlen, formwerdend, formwandelnd,
nämlich umhergehend, mitten darin ...

rätselhaft in seiner unbeherrschbaren strömung,
und was strömt da, myriaden silbriger tröpfchen,

sirrender pixel – ich, heißt es, sei das,
jemand mit namen, mit hosen und schuhen,

auch lungen und augen und ohren, keiner
kann sagen, wie so etwas sein kann,

wie so ein lokales gewitter, so eine mondnacht
im stadtverkehr vorgeht, inmitten von fülle

alles vage präzise, licht, verdichtet zu wagen, zarten
und unfaßbar schwindenden wagen, ein möbel-

transporter, weiß, blauer schriftzug, ein hartes faktum
aus schmelze, nur kurz bemerkt, während der fuß

wie in zeitlupe auf dem bürgersteig aufsetzt,
ja, ich sehe die ampel umspringen, rot

zu grün, sehe passanten, seltsam, ich kann
im innern meiner brust sehr tief hinunter sehn

hollow man

gehen empfiehlt sich
als geistige tätigkeit.

sein. den vogelflug deuten
durch bloßes sehen. die kastanien,

die platanen, die weißen plattenbauten
im hintergrund aufragen lassen,

die üblichen wege unüblich sein lassen.
jene milde implosion beim schließen

der augen, als fiele jemand
nach innen ins leere und landete weich

in einem rätselhaften stillen raum
diesseits des körpers, welcher dennoch unbeirrt

und unbekümmert weitermacht
mit seiner arbeit am alltag.

dort, wo alle sagen, daß gehirn sei,
sind weite südliche gefilde –

wer ist es, der dort wohnt,
der dort herkommt, dort hineinfällt,

wer lebt da unter all den bandagen,
der camouflage, dem vorgeben

von eigenschaften, es ist ein rätsel,
weit wie ein kontinent

beim spiegelgleichen

dort hinaussehen, was immer hinaussehen
ist. in eine tiefe hineinsehen, auf milchig

schimmernde hochhäuser unter weitem,
unirdisch blauem himmel. als sei ich im

innern einer kugel aus spiegelglas, zieht es
den blick an den rändern auseinander. so

ist das raumgefühl, mensch, so oder anders.
wer lebt schon von bildern, die sekunden-

bruchteile dauern. brillenränder, schwarze,
runde, eine platonische parodie. der trend,

ich weiß, geht seit jahren zum flachbildschirm-
format. zum eckigen überhaupt, und es wird

das runde gefürchtet, wenn es nicht nützlich
wird im maschinenbau. meine wirbelsäule

summt leise, dort im farbigen innern, hohl-
erdegefühl. mein, auch mein dasein als

ptolemäer. auf dem tellerrand balancieren.
ich weiß, daß nichts dauert, ich kann den

satz kaum beenden, schon verschwindet alles
im glanz der abwesenheit. im silbernen,

spiegelfarbenen, spiegelschwarzen glanz.
dort hinaussehen also, denn wer wagt, gewinnt

bei der morgenmüdigkeit

traumschlieren ziehen
in dem, was wach ist, im hellen,

nach hinten in dunkelheit ausfransen,
hinterköpfig, in dunkelheit,

die wie seit altersher schweigend
heranwogt, etwas wie mikrofilme,

fischige bildchen, irisierende blasen als
gischt, als wellen noch vorschickt

ins augeninnere, das vom tageslicht zwar
schon durchflutet wird, vom tageslicht in

gestalt eines sehr hellen innenhofs, eines
sehr hellen innenhofs – warst du nicht eben

noch anderswo, in anderer gestalt? du plingst
mit dem finger die teetasse an. sehr hiesig,

dieses geräusch, hiesig und ebenfalls hell.
ein mops kläfft vom nachbarbalkon,

wie möpse kläffen, als stürbe er. tauben
gurren, alles ist da. doch ändert es nichts

an jenem stillen rauschen, und ist nicht das
weiße rauschen des tages nur eine hellere

version davon?

beim rättischen

morgens beim blick in den spiegel
die nase in großaufnahme.
zurückzoomen.
bizarr, du bist eine art ratte oder
eichhörnchen. säugetiergefühl.
pumpender atem, zähneputzen, raum

raum, das vertrautere ich, aus dem
schlaf mit hinübergenommen in den
traum des morgens. unter der dusche
fließt das wasser außen über den
kopf, näßt die stille dunkle leere
in seinem inneren nicht. in seinem inneren,
das ins unbegrenzt weite reicht. der dichter,
die ratte, das eichhörnchen, sieht
bei geschlossenen augen so viel
wie mit offenen. fühlen, sich
weitende kreise, das wahrnehmen selbst
ist wie eine sehr weiche, wache, silbrige,
sich selbst wahrnehmende substanz.
(wasser, o thales, das leuchtet mir ein.)

ich beherrsche die abläufe, ich trockne
mich ab, ziehe mich an, richte den körper
her. ich schlafe, ich träume, ich wache,
wenn ich überhaupt etwas bin, bin ich alles
und nichts

bei der abwesenheit

dieses ausstäuben an den rändern
der dinge, der vielen, leuchtenden,

scheinbaren, satt vorhandenen. ich lief,
eine außenaufnahme, an platanen entlang,

ich lief über flächen, die vertraut schienen,
sandig, tragfähig fest, das war das irdische,

auf bänken menschen, die obligatorischen jogger,
sie passierten mich. ganz hinten, noch hinter

dem ende der straßenflucht, berührte ich etwas,
etwas nahes, wie im innern meiner brust.

gibt es amseln, gibt es menschen, gibt es
bänke? ich sehe sie, sehe sie, sehe sie nicht.

wenn ich zweifle, ob dies laufen ein traum ist,
wohin sind sie, die letzten minuten?

so silbrig klar ist sie, ihre abwesenheit

beim seltsamen

diese sache ist von beliebiger tiefe,
wie ein magischer spiegel, in dem so viel

raum ist, wie man hineinzusehen bereit ist.
zugegeben, wir favorisieren eine gewisse

flächigkeit, nur eine andeutung von räumen,
schichten, im *art déco* unseres alltags,

oder *campbell's* suppe, aber selbst die wäre
grenzenlos, stürzte in sich hinein, nähme uns

mit, da sei unser über-ich vor. jemand, nun
gut, wandert an der spree entlang, vom

supermarkt kommend, lichtflecken tanzen,
vom wasser reflektiert, an einem brücken-

beton. so hell und farbig ist alles. und ich,
das nicht nur lyrische, sehe, wie ich

nicht mit den augen sehe,
wie sollte ich auch

beim beifuß

was, wenn anaximander nicht weiß,
was dinge sind, was namen?

er steht auf erweitertem
mittelstreifen, beifuß zu seinen hüften,

hell im wind rauschenden, graugrünen,
blühenden, und sein benennen

ist wie das werfen von klangfarben
hinein in den wind, dem beifuß

entgegen, und das benennen verrauscht,
silbrig wie die unterseiten der beifußblätter,

blitzend, und der beifuß bleibt unbekannt,
unbenannt, ein rätselhafter auswuchs

von allem. wie der verkehrslärm beiträgt
zu diesem ensemble, wie der ferne mond,

der weißliche, beiträgt zu diesem ensemble,
kann keiner ergründen. turnschuhe

trage ich, sagt anaximander, auf meinen
forschungausflügen, jeans und pullover,

kindlichkeit, und nichts von dem ist
wahr, was gesagt werden kann, doch

wahr ist das sagen. ich halte
meinen kopf in den frühherbstwind, das

ist denken. unnennbare bewegungen
am hellen rand der gegend, nordlichter,

beifußglanz. die straßenbahn *apeiron*
fährt durch mich hindurch

über land

am strand

sich selbst bemerken
ist auch eine art licht – wir

gingen den sandstrand entlang:
ein warmer wintertag, enten,

ein milchig bedeckter himmel
und ruhige see, darin er sich

spiegelte, so, daß die aussicht
ins schweben geriet. spät

am abend changierten die farben
der landschaft minütlich, die

wenigen wörter, die wir zu uns
sprachen, hinderten nichts

am erscheinen. die dünen im
hinterland lagen unauffällig,

normal, nur bei genauerem hinsehen
waren die wippenden gräser

gläsern, übergenau

bei den libellen

wo sind wir, wenn
wir die wasserfläche betrachten,

die seerosen, das schöne landschafts-
bild –

licht im übermaß, unirdisch blaue
libellen mit riesigen augen,

eine weichheit, welche in sämtlichen
dingen summt, in den gräsern,

dem fluß, worin taucht dies auf?
in mir, natürlich, aber was

ist das? enten paddeln
umher, die weide am gegenüber-

liegenden ufer senkt sich
dem grünen wasser entgegen

bei den äckern

wie ist das, in jener gestaltlosen
sphäre zu wandeln, die immer da ist –

und jetzt nach körpersein aussieht,
nach landschaftsein, die weizenfelder

kommen von nah-und-weit, der staubige
weg, die kiesel und disteln am wegrand

SIND, ein lichtwunder, erscheinungswunder
in der dichte des sommers, ihre

unbegreiflichen formen, mein nicht minder
unbegreiflicher gang, so im rhythmus

zu atmen, als läse dies atmen viel zuverlässiger
als alles benennen die gegend aus

bei den maisfeldern

was ist das, worin
hier die landschaft schwebt,

am rand der maisfelder
staut sich das sonnenlicht,

es ist alles gelb hier, die gegend
in der totale, im autofokus

hat hier ein eigenleben, und
wer ist es, der den asphalt

begeht, der, nach innen
und außen gewendet, seine

tägliche bootsfahrt auf dem styx
dieses sommers besteht,

so viele ausufernd klare
nachbilder schweben

über der roten glut
im innern des kopfes

bei den schwalben

die handhabbarkeit der gegend
war wieder begrenzt. ausschreiten,

wohl, den kopf gen blauen himmel recken,
wohl, dem schwalbenflug folgen mit leise

über leeres hinweghupfendem blick, wohl,
doch schien es *was-auch-immer* zu sein,

das dies tat, während mir nicht einmal
das flüstern der namen half, das rezitieren,

waren es doch seine namen, wenn nicht
sein flüstern, reichte es doch bis in jenes

milde silberne schwinden im innern
hinein, war ich doch sehenden auges

aus allen gerüchten ins hiesige entrückt,
war ich doch schon verlorengegangen

in den schilfufern, den weiden und
sehr seltsamen enten, verlorengegangen

im umhergehen selbst

beim silbrigen

heute krochen brennesselraupen
an der weißen hauswand empor,

schwarze, stachlige, sternhimmelartig
gepunktete raupen, auf der suche wohl

nach verpuppungsplätzen. wir fuhren
dann schwimmen, per rad zum see hinaus,

in sehr weichem, silbrigem wasser,
über uns, am weißlichen himmel,

kreisende fischadler, unter uns
nichts. du warst wie immer, vetraut und

unergründlich wie alles. später am abend
betrachteten wir gemeinsam den mond

in unserem fenster, der tatsächlich aufging
über mauerruinen. wenn wir nicht schaum

sind, ein bild auf den wellen

bei der arbeit des dichters in brandenburg

die aussicht umgraben. die hineinsicht
umgraben. den himmel, die wolken

über den alten burgmauern umgraben,
unermüdlich, rhythmisch, tagtäglich

durch bloßes schauen, erinnern, atmen,
den strom der erfahrung umgraben,

mit den augen schaufelnd, mit den ohren
schaufelnd, durch stehen schaufelnd,

durch umhergehen schaufelnd, später
radfahrend, pedaletretend, im gehör graben

als vögel, als pulverschnee, als klanggranulat
straßengeräusch, mit den augen die bäume

ausgraben, die vielfältigen, die landschaft,
die straßen ausgraben, die pkws ausgraben,

deren umwälzen, auflösen, mikro- und
makroskopieren, den wald ausgraben als

denwaldbegehen, ihn sintern lassen, sein
schwinden ausgraben durch schwinden-

lassen, den see ausgraben, dann das wasser
ausgraben durch schwimmen, den himmel

im wasser aus- und umgraben durch schwimmen,
durch schauen, die luft umgraben durch atmen,

das licht sieben, die dunkelheit sieben, später,
die nächtliche, den mond zeitig

zu wasser lassen, in der inneren und
äußeren spree, das land durch bloße weichheit

voranbringen, durch wehrlosigkeit, hilf-
losigkeit, ratlosigkeit als balancieren

im nebel des stehens der un-
wissenheit

beim erratischen

es wäre wohl so, daß die dinge mehr
als seltsam herumlägen, sperrig, rätselhaft,

findlinge, von welchem weltallförmigen gletscher
auch immer übriggelassen,

die grünliche kaffeetasse, ikea, draußen
ein rasenmäher, die bagger, ausgestreute wolken

am himmel, drinnen der kaffeeschlürfende poet.
es wäre wohl so, wenn es so wäre,

wenn nicht gottes riesiger handballen zeit die
allzu wässrige tinte der dinge zu hauchdünnen

transparenten filmchen verwischte. sehr sanftes,
unaufhaltsames gleiten löst alles beharren

der findlinge auf. o kaffeetasse, o grün, o ikea,
o rasenmäher, o bagger, o wolken. von irgendwoher

hat der dichter den wunsch ererbt, euch zu
beschwören. es geht, und es geht nicht,

es geht nicht, es geht nicht

beim ruhepol

was tun mit den scheinbaren massen
von dingen, dem organisierten chaos

der gegend? mit dem waldrand, dem
sandweg, der sehr langen landstraße,

geradewegs über wellige felder hinweg?
es bezeugen, nonverbal, in es hinein-

schmelzen, nonverbal, hier als fußgänger
den resonanzboden bilden, übergehen

in die gefühlte nähe der krähen im flug,
übergehen in den wind und motoren-

geräusche von fahrzeugen, dies alles
findet in meinem inneren statt. woher

und wozu, solches fragen hält dem
weichen abgrund der landschaft nicht

stand. schon eher mein gehen, mein
schlichtes unergründliches gehen

den sandweg hinab, zum see hin,
als ob es mich gäbe, ausläufer

eines formlosen ruhepols

wandern

das aufschimmern an den rändern,
wenn die sucht, jemand zu sein,

jemand zu bleiben, sich mildert. korn
in der nähe, krähenflug, wolken

und wind. das schneidende geräusch
von gummi auf asphalt, wenn ein

pkw mich passiert. ich bin am rand
unterwegs, am rand der stadt, in den

ausläufern. hier leben und denken
die leute wie überall, und dennoch

verebbt hier die ungeduld, die neusucht,
sie geht in der weite der landschaft

ins leere, auch wenn jeder meter davon
jemandem zu gehören scheint. ich laufe

die übergangszonen ab, die feldränder,
wegränder, ich habe hier wenig

verloren, so wie schon als kind.
in den wagen sitzen die menschen

in wänden aus plastik, metall, umhegt
von geräten, die ihnen

die mutter gesellschaft am leben
erhalten, unterm blechdach beschirmt

gegen den himmel, der immer noch,
flammend, alle zeiten zurücknimmt,

wenn man, die last der gedanken
vergessend, ins stille wahrnehmen sinkt

spaziergang

familienähnlichkeit am rand der städte,
schmaler asphalt, felder und weit hinten

etwas wald. hafer, roggen, gerste, wir
mit leichtem schuhwerk unterwegs, nur so,

um in der sommerhitze etwas licht
und etwas überschwang zu tanken. gehen,

zeit verbringen, einander sehen, in einem
umkreis, den wir nicht begreifen, und der

uns doch vertraut sein läßt mit uns und allem.
der uns das menschenmaß, so wie wir es gelernt,

durchleben läßt. das wandern und das wörter
sagen. sich mögen, sich verstehen,

oder auch nicht. manchmal nicht ganz.
und ganz im hintergrund so etwas wie

ekstase, ganz leise, unbemerkt fast, wie
dezent. sie reißt uns mit, total, selbst

wenn wir es kaum ahnen

bei zeiten

80er jahre

dies waren die unerwarteten brüche. mitten
in der lektüre fiel uns auf, daß wir in dem
fertigroman, den man uns serviert hatte,
fehlten. jener typ meines vornamens, der

sich so viel mühe gab, ähnelte mir so wenig
wie winnetou einem indianer. wenn etwas,
dann war ich die lücke selbst, die sich auftat,
jener spalt ins ungewisse, ins unsichtbare

hinein, den die endgültig erwachsen gewordenen
fürchteten wie der teufel das weihwasser.
alles das schülersein, das memorieren, das
absehen vom rausch – es trug nirgendwohin

als in die großartigen käfiggebilde, die man überall
aufstellte, mit panischem behagen bewohnte.
aller beton war aus pappe, alle waffen halfen
uns nicht. den nachbarn besiegen, den feind –

welch armseliger triumph. also zogen wir aus,
den spalt zu bewohnen, was niemand bemerkte,
denn wir blieben verschwunden, im fertigroman
verblieben unsere attrappen, da sie allen genügten

beim euklidischen raum

die verwandlung spielte sich im hintergrund
ab. im vordergrund schülersein, lange

busfahrten, alltag im haus der eltern,
immer noch freie nachmittage, mit

dem fahrrad über die felder fahren,
molche fangen, baumwipfel im wind

rauschen sehn, mit freunden durch
maisfelder wandern. dies war der

bessere teil. wie kam es, daß
der raum selbst nach und nach anders

war? nicht mehr ein fließen, nicht mehr
gerundet, lebendig, mit offenen rändern,

sondern bewegung fester körper unter
festen körpern. läßt sich sagen: das glänzen

verschwand aus der luft? anaximander
war jetzt verhandlungsmasse im spiel

der erwachsenen, sein körper
der zugriffspunkt, mit eigenschaften,

die an ihm hafteten wie züchtigungen
– kein wunder, daß er ihn

nicht mochte. die landstraßen selbst
waren gerader jetzt. die zeit eine linie.

die zukunft zweifelhaft am ende
des tunnels. damals, am anfang der

achtziger jahre, war überhaupt die zeit
des rechten winkels. innen unverstandene

trauer, draußen markenturnschuhe.
jahrelang schaben von handflächen

über jeansbekleidete knie. was war
aus dem lot geraten? er war gut

in physik. der euklidische raum, raum
des neutralen, des gleichmaßes,

absoluter langeweile, war es das,
worin er lebte? in dem, wohinein

die verbrennungsmotoren entworfen
werden, um dann tatsächlich kraft

zu erzeugen? der runde raum
wurde flach und er selbst zum festkörper,

war es das? lange schien es nur der
tiefschlaf zu sein, die raumlosigkeit,

zu dem man hieraus flüchten konnte.
bis er entdeckte, daß alle räume in ihm

waren und nicht er in den räumen

beim cogito

hier im sessel zu sitzen, am kaminfeuer lcd-tv,
dem hellen, flackernden, als forscher, als denker,

erinnerer, fühler, augenblicksgestalt, flüchtig
wie eine erscheinung, instrument einer innigen,

abgründig gründlichen selbst- oder welterforschung,
was auch immer hier vor mir ist, um mich ist,

hinter und über und unter und in mir ist, instrument
einer auslotung, ausmessung, abtastung, durchdringung,

welche meine zu nennen dann doch nichts als
hybris ist, geht sie doch von selbst vonstatten,

nach ihren eigenen regeln, die mir unbekannt sind, in
ihrer eigenen weise, die mir unbekannt ist,

und die dennoch die meine ist, weil sie ich ist,
bin ich ihr doch mit haut und haaren und allem,

was mich ausmacht, verfallen, ihr, die sich nicht
anhalten, nicht aufhalten, nicht verlangsamen,

nicht beschleunigen, nicht planen und so gut
wie nicht lenken läßt, ihr, dem sehen, horchen, wittern,

dem memorieren, imaginieren, herbeiphantasieren,
durch-und-durch-fühlen, wie wachs bin ich, in andern

als meinen händen, unzählige schwirrende bunte sich
ausdehnende ringe fühlens bin ich, sonarwellen, schillernd

um jenen wandellosen, ungreifbaren ort der gegenwart,
um jenen schimmernd schwarzen berg

im sessel, der im fernsehlicht flackert, im nachtlicht,
im inneren licht, von nirgendwo leuchtend, wo sehen

und wahrnehmen im wachen und träumen
gleichermaßen hervorscheinen, durchpulst von

jenem semantischen summen, herbeiflüstern und
versuchsweise benennen, das nicht ins leere

und doch ins leere hinein etwas meint, etwas,
das mehr verklingt als substanz hat, rasend

schnell vergangen und noch kurz erinnert, der sessel,
die nachtlampe, der fernseher, der mensch in pullover

und hosen, schmelzend und schwindend, dauernd
scheint nur das strömen selbst zu sein, in dem

alles zu lichtstaub zerfällt
unter jedem noch so zarten blick und nichtblick,

wache ich also oder träume ich, nur eines ist
trotz und in allem gewiß, ich weiß um mich selbst

in so gewaltiger klarheit, daß es mich blendet

bei der anwesenheit

i

es war ihm nicht wirklich klar, wer
oder was er war. er hätte im leeren

anfangen müssen, im trüben fischen,
den erstbesten einfall zuspitzen

und zurichten müssen. unplausibel,
daß er in so einer weise zu sich

selbst gekommen wäre, zu sich selbst,
jener irritierenden, unvordenklichen

bewegung, die andauerte. sich
selbst, jener kaulquappe mensch

mit vornamen und nachnamen,
sohn seiner eltern, student,

männlichen geschlechts. rätsel-
hafte öffung, rätselhafter schauplatz

all dieser rauschhaft durcheinander
strebenden farben, töne, satz-

gebilde *etc.*, dieser weichen schwarzen
plateauzustände nachts. dieser

handlungsserien aus unbekannter
quelle beim tage, unbekannten ziels,

die man ihm nahelegte, für seine
zu halten. doch zweifel nagten an ihm

ii

ekel löse er aus, der schlaf
der andern, wenn ihm selbst,

dem romanhelden, allzu akut
bewußt sei, daß er existiere.

so las er, und abgesehen vom ekel
war das sein fall. er lag

lange nachts wach und war
sich seines daseins bewußt,

es war fast wie ein grelles,
überhelles, sirrendes licht.

kontingenz, sprach er zu sich,
faktizität, unbegreiflichkeit. die

anderen, die eltern, die freunde,
zuckten nur mit den schultern. wozu

nützet ein wissen, daß zu nichts
nützt? ihm aber schien fast

die existenz etwas verfolgendes
zu sein. etwas, das ihn von allen

seiten durchleuchtete. das ihn
sich selbst aussetzte, erbarmunglos.

und doch kam kein wissen,
kein weltliches, kein schläfer-

wissen ihm gleich, so intensiv
war es, so reinigend, so unverkennbar,

so abgründig und irritierend

iii

er wollte es ausfechten, wollte
ein extremsportler sein jenes

inhaltslosen gedenkens. trug
steine im schuh an schläfrigen tagen.

lärm, sagte er sich, existiert
so sehr wie musik, häßliches so

sehr wir schönes, beängstigendes
so sehr wie begütigendes. laßt mich,

sagte er sich, den schneidenden
sang meines daseins hören. laßt

mich mich hineinbohren in diese
idee. wenn er fahrrad fuhr über die

felder, sollten die felder nicht
schlafmittel, sie sollten existierende

sein. wenn er umherging nachts
unter sternen am ortsrand,

sollten sie existierende sein.
wenn er gelangweilt im unterricht

saß, sollten er, seine langeweile,
sollten das fade klassenzimmer

existierende sein. existierend als was?
als tuchfühlungen mit dem nicht

zu begreifenden, offenbarungen
radikaler offensichtlichkeit.

aufscheinend, kontextlos, und sofort
verschwunden, durch stetige mildrasende

übergänge ins folgende ersetzt.
der schneidende sang meines daseins

sagte er sich, ist die zeit

iv

was, wenn dies alles ein traum ist,
sagte er sich, erscheinung, ein sirrendes

flackern im nirgendwo: da doch
die bezugsrahmen selber phantasmen

sind, hinzugedacht, herbeigeträumt,
flüchtiger noch als die träume der sinne,

wenn das denn möglich wäre. ich aber will
jenes sirren hören, meine eigene motte

sein, mein eigenes licht. ich will
mich am dasein verbrennen, will,

daß apollo mich schlage, wenn nur
so wahrheit ist, wachheit, ich will nicht

länger das schlaflied singen, so wie die andern,
von der segenskraft der autoindustrie,

der arbeits- und ferienmaschinerie,
der schlafwissenschaftshypertrophie.

(waren es doch die achtziger jahre,
war doch *mercedesbenzgoogle* noch nicht

alles in allem.) ich will, so mein leben
denn eine frist ist, die abläuft, so oft

wie möglich das existierende himmelblau
sehn. und ist nicht etwas berückendes

in seinem sirren?

v

gern ging er wandern im wald,
buchen gefielen ihm, farne.

daß eines sei, las er, in sich
unterschieden. gläserner erschien er

sich, durchsichtiger. mein sirren,
ist darin nicht eine süße? und ist

es nicht überall? ist existieren
denn außerhalb, innerhalb, bilde ich

nicht ein kontinuum mit allem? zieht
nicht, was immer erscheint, durch mich

hindurch? durch mich, das unbekannt
stille, silbrig aufschäumende,

das nächtliche selbst bei tage?
wenn ich in mein inneres blicke,

wieso ist dort formlosigkeit? wenn
ich nach außerhalb blicke, wieso

ist dort formlosigkeit, als ordnung
aufblühendes chaos? sirren.

nächtlichkeit. je genauer, je stiller
ich hinsehe, desto unauflösbarer

die referenz. farne, sie sind schon alles,
sind nichts, sind steigen und sinken

am zubringer

so sind alle dinge sie selbst, dem anschein,
dem augenschein nach, wie man sagt:
die ziegen auf ihrem wiesenstück, vom elektro-
draht umzäunt, laufen heran, um zu sehen

ob der wanderer ein geschenk hindurchreicht,
einen apfel oder ein büschel gras, etwas brot,
aber der steht nur da und schaut, geht dann
weiter, hügelan, bis zur brücke über den zubringer

wo derselbe verkehr rollt wie vor jahrzehnten,
wie immer in beide richtungen, wie
um zu zeigen, daß die bewegung das ziel ist,
nicht der weg und schon gar nicht

jene ruhe außerhalb von allem, vom augenschein,
um die dennoch alles kreist, wenn es nach ihm
geht, dem wanderer, der hier einen kindheitsort
aufsucht. denn am dorfrand ist noch immer

das freie feld nah und der blick weit, und die
vielen erfindungen des jahrhunderts
sind mit genügendem abstand beinahe genießbar.
woher, und wohin alle die menschen

was sie zu suchen und was zu finden glauben,
während sie die riesenmaschine betreiben,
die man zivilisation nennt, ist ihm, dem
älter gewordenen, so rätselhaft wie je

beim lyrischen ich & wir

bei dem unbekannten

ist das hier eine gegend?
es scheint so. es scheint dies

hier eine wiese zu sein, eine
grüne und sehr grüne wiese,

davor stacheldraht, einen pfad
entlang, den wir genommen haben,

wir. sieh nur, wie wir die gegend
begehen, sieh die grünheit, das

grüne moos auf den pfosten, hier
geht ein gläserner wind. so

zu stehen, so zu sehen, so zu
gehen, wie ist das? im tal

liegen große mengen häuser
und dunst. hier oben sonnenlicht,

ein kreisender bussard über dem berg.
wie ist das, so zusammen zu sein,

woher ist das? wir verstehen uns
wortlos, sind selbst diese gegend

oder ihr anschein, scheinend,
mitsamt allem, von nirgendwo her

beim halblicht

abends reicht die landschaft
tiefer in mich hinein.

draußen laternen, alte gebäude,
straßen, entferntere anhöhen,

ein nachthimmel mit abnehmendem
mond. drinnen halblicht, der raum

reichert sich langsam mit dunkelheit
an, mit einem träumerischen funkeln,

wir alle zusammen entrücken. was
bleibt wirkliches vom vergangenen tag?

die silhouetten der dinge, sie sind mehr
als erinnerungen an das tagesgeschäft,

sie sind blüten, dunkle, sprühende,
die jetzt aufgehen

bei den flocken

was ist das, was aus meinen augen
hinaussieht, was den körper von innen

erhellt mit einer lichten dunkelheit
ohne erkennbare grenzen – wir sitzen

teetrinkend auf der veranda und reden
über metaphern, du fischst behutsam

nach glanzlichtern in deiner teeschale,
ich sehe dich an und es ist klar,

daß wir schweben – selber lichter, wellen,
strömen lebhafter, stiller und immer

stillerer pixel, oder sind es flocken, weiche,
ist es auffliegendes licht? und was hält uns

in form, uns beide und den dämmernden
garten, die eibenhecke, die wolken am

himmel? selbst der verkehrslärm, sagst du,
der hier niemals zu enden scheint, ist porös

für die stille

beim nächtlichen fenster

nachts ein blick aus dem
kleinen quadratischen fenster,

durch das gerade mein kopf paßt,
nach draußen. die luft, sie ist kühl

und frisch, die beete, die hecke,
die straße schimmern

in milchigem grau: wir sind
zum schnee gekommen,

die landschaft und ich, im schlaf.
drinnen ist um mich kein rahmen.

schwärze, endlosweit. schweben.
gestöber von flocken, schwarzen

und bunten, funkelnden, sehr
stillen flocken

beim wasser

ist es das alter, daß ich unter der dusche
neuerdings liege? so viele ansichten,

fühlungnahmen, mit der einen idee
des wassers. erkennen, das gelingt nur

nach der bewährten methode der kindheit,
und es ist des erkennens kein ende.

wer sagt, daß ideen nicht tastbar sind?
sie leuchten, sie schimmern und gehen

nicht auf in den namen, nicht in den
formeln. sie fließen und sind selbst

formen des einen, der anwesenheit.
ich liege jetzt überhaupt wieder mehr,

betrachte die dinge von unten. taste, taste
mit meinem bewußtsein. wie die dreijährigen,

die noch philosophen sind, bevor
man ihnen den kopf wäscht. ich liege

also und forsche und werde noch sauber
dabei. kann dann aufstehen und euch

den erwachsenen machen. auch dieses
ein lehrreiches spiel

bei teller und tisch

morgens mischt sich das frühlingsgezwitscher
der vögel im garten mit verkehrslärm,

dem brummen der lastwagen, die waren vom
einen ort zum anderen fahren, unermüdlich,

so wie die vögel, die jahreszeiten, wie das
tägliche aufwachen. bevor er die augen

geöffnet hat, ist er schon ausgebreitet in allem.
das aufheulen der motoren findet in seinem

körperinneren statt. die tage sind so: ein vielfaches
summen, schwirren, licht mischt sich mit dunkelheit,

geräusche mischen sich mit stille. die zeit selbst
scheint eine öffnung zu sein, in die immer

und immer neues einfließt, überraschendes,
niegesehenes, denn auch das gewohnte ist nie

gesehen. während er aufsteht, sinkt er noch
nach hinten und innen, ist er selbst jene öffnung,

andere merkmale von sich findet er nicht.
sonnenlicht liegt auf dem frühstückstisch,

sanft explodierend auf den haargenauen konturen

beim lyrischen ich & wir

streich das lyrisch einstweilen. was,
was geht hier vor, ganz grundsätzlich,

abgründig, und wie? ich war eine kaskade
subtiler nuancen. ich ging aus mir selbst hervor,

aber wie? was war zuerst da, die öffnung, in
der es schimmerte, oder das, was hineinsah?

mir ist so stetig zumute. ich trage das
weltrund umher, jenes ei aus wahrnehmung,

das nach hinten ins leere ausfranst. du tauchst
darin auf, menschenförmig, wirfst wörter

mir zu, blicke. ich winke. sind wir jetzt zwei?
siehe, wir sind auf dem schotter zugange,

sieh die prachtvolle eiche dort drüben,
was ist das, das grüne alter, was ist das,

pracht? leise, leise, ich glaube, ich höre
mich schlecht. du zuckst, wie ich sehe,

mit den schultern dazu. der propositionale
gehalt, meinst du, völlig überartikuliert,

... sagtest du, der bleibt aus? nein,
wir zwei sind uns einig, was die schlüssigkeit

des eichhörnchengottesbeweises betrifft:
ein universum, in dem es eichhörnchen gibt,

q. e. d.

modus vivendi

aufwachen in sich selbst hinein,
in jenes dunkellicht, das sich als welt
ausdehnt, sich mehr als überraschend
bevölkert – und dabei in sich bleiben,

still, jetzt wie im hintergrund, als habe
man sich verlegt ... während hier
draußen, auf der bühne, jemand sich
bekannt vorkommt, jene person meines

vornamens, die ich, im *modus vivendi*,
für mich selbst halte, seit jeher nur halb
überzeugt ... hier draußen, wo etwas
wie schlafwandlerisch einrastet, ein

grundgefühl, daß die verhältnisse
festgefügt und vorhersehbar sind,
betretbar in form von städten und
wegen, gedanken, mit einer schwerkraft

ins faktische, ins informative. in amazonien
soll es leute geben mit schwimmhäuten
zwischen den zehen und fische, die
einzig aus augen bestehen

wie es weitergeht

täglich genauer sein, weniger wissen,
sich dem überlassen, woraus
alles aufsteigt, dem ungreifbaren,
dem desto klareren aufleuchten
aller erscheinungen ...

diesem subkutanen, mildesten glück,
welches allem zuwiderläuft, was sich
als vernunft maskiert, ohne es
zu sein. dieses fast unsichtbar
transparente, es schert sich nicht

um körpergrenzen, jenen brust-
schild, hinter dem man sich
gewöhnlich verschanzt, als ob
man dahinter auf lauer läge
und vorne, dort draußen, wären
freund oder feind

marzahn

was ist das, diese bewegung, drehung ...
diese wanderschaft, pilgerschaft, das

sich-zurecht-finden? anaximander
am rand der plattenbauten, alle wahrnehmung,

flüstert er, berührt sich selbst am ort
des wahrnehmens, ekstatisch, das ist das geheimnis

alles umfassenden liebemachens. hier
zwischen den häusern ist der wolkenhimmel

nicht aufzuhalten, so wenig wie anderswo,
durch kein noch so sprödes ins feld geführtes

meinen. je inniger, desto inniger summt
der supermarkt in mir. rot,

summt es, glasfronten, sonderangebot.
wir sind unterwegs zum japanischen

garten, ich vertraue dir blind, es ist
alles da

fragmente zu anaximander

1.
sonne, mond und sterne. vater, mutter, kind. und brüderchen. eine von anaximanders frühen erinnerungen: die familie, versammelt im wohnzimmer, fototapete dort, wo die eltern sitzen, auf der dreiercouch, die mitte frei, die kinder auf einzelsesseln, beigefarbenen, kunststoffledernen, das brüderchen noch klein, noch strahlend, anaximander schon mitten im schlamassel der menschwerdung, vielleicht sechs, vielleicht acht. der fernseher: zentrale, aber entrückte position, altarähnlich transzendent, an oder aus, im wohnzimmerschrank, mahagoni, der eine ganze seitenwand ausfüllt. ein gespräch besteht, die eltern schauen in anaximanders richtung. flirren im raum. etwas an der situation ist unterschwellig bedrohlich, eine spannung herrscht, ein hin und her. die elternblicke gelten ihm, der vater sagt etwas, möglicherweise hat anaximander etwas ausgefressen. die eltern sehen immer noch in seine richtung und sprechen etwas an, in ihm, wie sie meinen, sie sprechen auf ihn zu und in ihn hinein. das muß es sein, die eltern glauben, daß anaximander drinnen im anaximanderkörper sitzt, daß anaximander eine sache ist, die in seinem körperinneren festsitzt. eine sache, die die eltern nicht übermäßig mögen. eine sache, sperrig, knollig, mit der sie zu tun haben, die sie zu beaufsichtigen und zu verwalten haben, als eltern. das ist so, denken sie.

2.
mit den spielkameradinnen und -kameraden, so hießen die damals, ist es noch anders. sie fließen, strömen. nur die erwachsenen scheinen diesen defekt zu haben, daß sie an dinge glauben, dunkle, knollige, die festsitzen und den raum beengen. sie leben in dem, was sie die realität nennen, den boden der tatsachen, in ihrer eigenen, aus lauter rücksichten bestehenden welt, in der das leuchten abhanden gekommen ist. das gibt ihnen eine

schwere, eine traurigkeit, die sie wiederum ableugnen. erwachsen werden, erkennt anaximander, ist ungefähr wie sterben, nur daß man es, wenn man gestorben ist, nicht einmal mehr zu bemerken scheint. das ist das gruseligste.

3.
wenn die geschichte weitergeht, denn das denken ja alle, daß geschichten weitergehen, wird es nach und nach enger für ihn. das knollige ding im anaximanderkörper, als welches er angesehen wird, wird zum bezugspunkt von anaximanders »leben«: seine zukunft, sein lebenslauf, seine karriere als schüler mit benotungen, beurteilungen, ein trainingsprogramm. das alles geht ohne auffällige gewalt vonstatten. die große harte knolle kapitalismus verlangt nachwuchs. leistungsethik, *freedom and democracy*, die bonner republik. nur anaximander hegt immer noch den verdacht, daß die knolle nichts mit ihm zu tun hat, obwohl sie in ihm haust und er um des sozialen friedens willen so tun muß, als sei er sie. er hat entfremdungsgefühle. alle sitzen im kalten krieg fest und sind normal. nur anaximander ist nicht ganz normal. ihm kommt die normalität seiner lehrer zombiehaft vor. er hockt, achte klasse vielleicht, auf der schulbank, und die hälfte seiner mitschüler ist schon gestorben. er ist gut in biologie, gut in englisch, gut in mathematik. aber er weiß nicht, wohin mit sich. lange perioden hoffnungsloser sehnsucht, tiefer langeweile, tiefen elends.

4.
die kehrseite: weite fahrten am nachmittag mit dem fahrrad an feldwegen entlang, durch wälder. das rad abstellen und versteckte teiche im wald aufsuchen. unfaßbares licht auf jungen birkenblättern. eine silbrige weichheit überall, in anaximanders körper und außerhalb, so weich, daß sie nicht einmal bemerkt zu werden braucht. anaximanders körper ist nicht wirklich anaximanders körper. er ist ein tier, ein molch vielleicht, ein

salamander, beinahe wild, wenn die knolle nicht ab und zu schmerzte.

5.
die kehrseite: dämmern im teenagerzimmer. wenn die kapitalistische ästhetik recht hat, wenn das leben ein handlungsbogen, wenn anaximander ein handlungsträger ist, sieht es übel aus. vorwärts in der zeit herrscht die totale normalität, petrifizierung, knollifikation. anaximander ist jetzt schon fast gestorben, aber es schmerzt wie die hölle. was schon keine gegenmaßnahme mehr ist: *industrial music* hören, *throbbing gristle*, *sozialistisches patienten kollektiv*. *whitehouse*, wenn es ganz übel ist. schwarz tragen. NO future. es hat sich zu ihm herumgesprochen, daß die knolle kapitalismus im verein mit der knolle sozialismus die ganze erde tötet, daß sie die ganze natur auffrißt, um alles in allem zu sein.

6.
die kehrseite: nachmittage im weitläufigen garten, allein. sich hineinlehnen in die büsche, in die pappeln, den wind, sich ausdehnen, schamanengesänge anstimmen, halb und halb jemand anderer sein. eine ruhe sinkt hier auf ihn herab, durchdringt ihn, als läge sein schwerpunkt in einer anderen welt.

7.
erst jetzt, endlich, die entdeckung der literatur. es gab geistesverwandte, die nicht ganz knollifiziert waren, die den schmerz der knollifikation durch die jahrhunderte schrien. anaximander hört sie schreien, es tut ihm wohl. er hört sie sagen: *le bateau ivre*, er hört sie sagen: nach innen geht der geheimnisvolle weg. er hört sie sagen: *if the doors of perception were cleansed, everything would appear to man as it is, infinite*. er hört sie sagen: das eine in sich selbst unterschiedene. das ist gnosis, kein unterrichtsmaterial.

8.
ein paar freunde haben sich gefunden, suchen gemeinsam nach auswegen aus namenlosen gefängnissen. windensamen essen, muskatnuß, sogar fliegenpilz, thomas bernhard lesen und wittgenstein, die vorsokratiker. schließlich *psilocybe semilanceata*, spitzkegeliger kahlkopf: auf spießigen kuhweiden, nicht schwer zu finden, nicht weit vom verteidigungsministerium, nicht weit von schule und elternhäusern, wachsen unscheinbare pilze, weit offene scheunentore zu alice' wunderland. 10 gramm frischpilz, die deutsche romantik als eßbare gegendosis zum bonnstaat. sehr viele strukturen der normalität, auch die trennung von subjekt und objekt, erweisen sich als eben das: als strukturen der normalität, nicht als wirklichkeit. die knolle in anaximander erhält einen weiteren riß, und an ihrer einflußsphäre vorbei läßt sich etwas sehen, was eigentlich ohnehin offensichtlich ist.

9.
er beginnt zu schreiben, auf einer alten mechanischen schreibmaschine, computer gibt es noch kaum, er hämmert sätze auf umweltpapier, einsichten, jedes klacken ist gegen das eigene unverständnis gerichtet, er sucht sich geistig ins freie zu graben, wohin?

10.
im verlauf einer liebesgeschichte, der kontext tut nichts zur sache, öffnet sich anaximanders brustmitte und er sieht direkt in sein herz hinein: eine buchstäbliche tiefe, erschütternd real, durch alle knollifikationskompliziertheit hindurch. da ist kein freudianisches unbewußtes, sondern eine andere, direktere wirklichkeit, der tiefe wunsch, mit allem verbunden zu sein. ihm bleibt über jahre ein brennen. und etwas beginnt über jahrzehnte hinweg zu erodieren.

11.
zwischendurch hat die knolle kapitalismus die knolle sozialismus aufgefressen. jetzt bekommt die erst richtig hunger. eine weile scheint eine friedenszeit angebrochen zu sein, vordergründig, aber dieser schein gibt sich schnell. anaximander als junger mann befindet sich immer noch in einem unruhezustand. wenn die wirklichkeit ein traum ist, fragt er sich, sind dann träume wirklich? *apeiron* spricht er in die dunkelheit kurz vor dem einschlafen hinein.

12.
eines nachmittags, anfang der neunziger jahre in berlin, auf dem vorplatz der humboldt-universität, in deren foyer der marxsche satz prangt: »die philosophen haben die welt nur verschieden *interpretirt*, es kömmt drauf an sie zu *verändern*«, gibt etwas in seinem herzen nach. heftiges weinen. plötzlich sieht anaximander, woraus alle dinge wirklich gemacht sind: aus liebe. aus strahlender, unfaßbar weicher, substanzieller, alles umfassender liebe. nach und nach trübt sich die durchsicht wieder, aber nicht gänzlich. was ist mit der anaximanderknolle? sie ist da, aber sie hat nicht alle macht, selbst wenn sie sich manchmal so aufspielt. und was ist mit der kapitalismusknolle? mit ihr verhält es sich vielleicht ebenso.

inhaltsverzeichnis

Lyrikedition 2000, kleine Auswahl

Markus Hallinger
Das Eigene
ISBN 978-3-86906-470-3, 88 S., Paperback, € 9.50

Georg Heym
Ich bin von dem grauen Elend ganz zerfressen
Anthologie, herausgegeben von Florian Voß
ISBN 978-3-86906-373-7, 88 S., Paperback, € 11.50

Marius Hulpe
Einmal werden wir
ISBN 978-3-86906-508-3, 112 S., Paperback, € 12.50

Thomas Kunst
Der Schaum und die Zeichnung vom Pferd
ISBN 978-3-86906-002-6, 116 S., Paperback, € 12.50

Swantje Lichtenstein
landen
ISBN 978-3-86906-077-4, 76 S., Paperback, € 8.50

Markus Preckwitz
Kampfansage
ISBN 978-3-86906-588-5, 72 S., Klappenbroschur, € 12.50

Lothar Quinkenstein
gegenort
ISBN 978-3-86906-549-6, 72 S., Klappenbroschur, € 12.50

Frank Schmitter
die markisen rollen den nachmittag aus
ISBN 978-3-86906-465-9, 76 S., Paperback, € 9.50

Ludwig Steinherr
Flüstergalerie
ISBN 978-3-86906-553-3, 124 S., Hardcover, € 19.90